# <u>Table</u>


Prologue........................................................

Kurdistan......................................................

Pahlavi........................................................

Maroc..........................................................

Phalanges......................................................

Al Nusra.......................................................

Petro-Monarchies...............................................

# Prologue

Certains hauts responsables du renseignement militaire américain pensent que le Mossad est particulièrement impitoyable et retors. Pour eux, il s'agit d'un fauve échappé de sa cage, capable de viser des forces américaines, en faisant tout pour que cela ait l'air d'un acte commis par des Palestiniens ou des Arabes.

Le Washington Times indique que cette accusation très sérieuse portée par des officiers américains contre Israël figure dans un rapport de soixante-huit pages, remis par soixante officiers à l'Ecole de l'Armée américaine pour les Etudes Militaires Avancées.

Quelques heures après les attentats du 11 septembre, George Friedman (Statfor), un analyste pro-israélien très connu, a affirmé qu'Israël était le premier bénéficiaire de ces attentats. «*Le grand gagnant, aujourd'hui – que cela soit intentionnel ou non – c'est l'Etat d'Israël*», écrivit alors Friedman. «*Il n'y a aucun doute: les dirigeants israéliens sont soulagés*».

# Kurdistan

A la fin des années 30, Ruben Shilia, agent secret de l'*Agence juive,* s'était rendu au Kurdistan irakien pour établir des relations avec la tribu Barzani, dont des clans, de religion juive, ont émigré en Palestine. Shilia était, avec David Ben Gourion, fondateur de l'Etat d'Israël, un des idéologues de la *«théorie des alliés périphériques».*

Leur dessein préfigurait celui décrit, en 1982, par Oded Yinon, proche du ministère israélien des Affaires étrangères, dans la revue de l'*Organisation sioniste mondiale,* à savoir la partition des pays arabes en entités ethniques ou religieuses.

L'hebdomadaire «*Actualité Juive*» du 8 mars 2012 a publié un article sous le titre «*Le peuple kurde, paradoxe de l'histoire*». Moshé Frydmann, l'auteur, exprime des propos dignes du plus militant des nationalistes kurdes. «*Inconnus ou presque des ONG et absents des résolutions onusiennes, les Kurdes, écrit-il, peuple musulman sunnite, se battent depuis 1920 et le traité de Sèvres afin de faire reconnaître l'indépendance du Kurdistan, l'État qui leur était destiné*».

Fin avril 2004, selon des autorités militaires turques, une compagnie aérienne, dirigée par un ancien colonel israélien du nom de Shalom Mordechaï, était en formation pour relier le Kurdistan irakien à Tel-Aviv. La presse turque, pour sa part, parlait d'achat de terres par des Israéliens dans le nord de l'Irak occupé.

Le 20 septembre 2006, une émission de la BBC jetait un coup de projecteur sur la présence israélienne au Kurdistan irakien. Elle rapportait que d'anciens soldats des forces spéciales de l'État hébreu avait été envoyés dans ce pays pour former deux unités de Kurdes. La première pour constituer une force de protection de l'aéroport d'Hawler, à côté d'Erbil, l'autre afin de doter l'autorité locale d'une petite force d'élite.

Cette opération était conduite par la société Interop, spécialisée dans le conseil en sécurité et dont Danny Yatom, ancien directeur du Mossad, est l'un des fondateurs. Agissant sur le terrain, deux succursales d'Interop, Kudo et Colosium, étaient présentées comme des entreprises suisses.

Pour la période 2004-2005, Interop était dirigé par Schlomi Michaels, lui-même ancien officier des services israéliens. En plus du savoir-faire, Jérusalem a fait parvenir 150 millions de dollars de matériel de communication et de clôtures de sécurité au Kurdistan.

Reste à se demander pourquoi un tel investissement. Comme nous l'avons vu l'hostilité des Arabes à l'égard d'Israël comme des Kurdes l'explique partiellement. Néanmoins, force est de constater qu'après tout les Kurdes ne sont pas uniquement en confit avec les Arabes. Ils ont aussi un front en Turquie et un autre en Iran.

Il faut savoir le Kurdistan irakien riche de deux potentialités dont manquent Israël : le pétrole et l'eau. Certes, l'éloignement ne joue pas en faveur de l'État juif, mais la configuration de la région permettrait, sans trop de difficultés, un acheminement par pipe-line des ors noir et bleu par la Jordanie, dont le gouvernement collabore volontiers avec Jérusalem.

Passée sous silence dans la presse française, une information, publiée dans les éditions du journal israélien «*Haaretz*», mérite quelque intérêt. Selon ce journal, des courriels de Stratfor, piratés par Wikileaks, ont dit des sites nucléaires iraniens attaqués par un commando israélien et aidé par des « combattants kurdes». En fait, il y a là deux points: d'une part Stratfor confirme les opérations menées sur le sol iranien par les Israéliens, d'autre part, il dit les Kurdes impliqués.

Enfin, la chaîne américaine NBC disait : «*Israël a fait appel aux services de l'OMPI, une association terroriste iranienne, pour assassiner les scientifiques* » nucléaires iraniens. On sait en effet le Mossad ayant exécuté, directement ou indirectement, cinq de ces chercheurs. Le dernier s'appelait Ahmadi Roshan.

On comprend le Kurdistan irakien, frontalier de l'Iran, devenu une base d'assaut d'Israël contre Téhéran. Dans ce cadre, on comprend l'ardeur mise par les Israéliens pour sécuriser l'aéroport d'Erbil : à mi-chemin entre Israël et l'Iran, il permettrait aux avions de Tsahal de se poser et de faire le plein de carburant avant de bombarder les installations nucléaires iraniennes.

## Mullah Barzani

Au cours des années 60, Mullah Mustafa Barzani (le père de Massoud Barzani) se rapprocha de Washington et du Shah d'Iran. En 1967, le patriarche kurde aujourd'hui décédé et chef de la rébellion contre l'Irak, Mullah Mustapha Barzani s'est rendu en Israël pour consulter Moshe Dayan.

Ancien officier du Mossad, Yossi Alpher disait déjà des Kurdes et des Israéliens: «*En vérité, ils ont collaboré militairement dans le passé*». Contre l'Irak et l'Iran comme nous le savons. Il concluait : «*À ce que nous pouvons appeler le niveau stratégique supérieur, l'autonomie kurde est très positive pour Israël*».

# Massoud Barzani

Conseillé par Israël, Massoud Barzani, président de la Région autonome du Kurdistan irakien, se donne progressivement les attributs d'un chef d'Etat. Plusieurs pays occidentaux ont ouvert un consulat à Erbil où le drapeau irakien et les troupes arabes sont interdits de séjour. La création d'une marine commerciale mouillant dans un port turc est à l'étude.

Disposant depuis longtemps d'un service secret, Barzani s'est engagé dans une étape cruciale : la création une armée *«régionale»* kurde. Selon la lettre confidentielle *Intelligence on line*, la société israélienne *Camerone Military Services*, serait chargée de la fusion des milices peshmergas.

Anticipant un retrait militaire américain d'Irak (2011), le Mossad israélien a renforcé sa présence dans les provinces kurdes du nord du pays, limitrophes de l'Iran. En Irak, les services de renseignements français ont été mis au courant de ce renforcement de la présence des agents israéliens auprès des Kurdes.

La collaboration entre le Mossad et les services de renseignements kurdes d'Irak n'est pas nouvelle. Elle était assez forte sous le Shah, avant de connaître un ralentissement à l'avènement de la République islamique d'Iran en 1979. Mais profitant de l'invasion américaine de l'Irak en 2003, les espions israéliens ont de nouveau infiltré les régions kurdes du nord de l'Irak, avec l'aval des autorités locales, en particulier de Massoud Barzani, le chef de la région kurde autonome.

Sur place, les agents du Mossad ou d'anciens militaires israéliens entraînent discrètement les forces de sécurité kurdes. Mais ces dernières années, avec une menace nucléaire iranienne de plus en plus pressante, l'Etat hébreu s'est surtout servi du Kurdistan comme d'une base à partir de laquelle ses agents pouvaient recruter des opposants kurdes iraniens réfugiés dans le secteur, avant de les envoyer en mission de l'autre côté de la frontière en Iran.

# Jalal Talabani

Les relations de Jalal Talabani avec Israël sont moins connues. Lui qui, jadis, disait pis que pendre des accointances de Mustapha Barzani avec le Mossad, faisait de même, mais à bien moins grande échelle, par l'intermédiaire de son beau-père Ibrahim Ahmed basé à Londres, protégé du MI6, le service d'espionnage britannique.

On sait que Talabani s'est entretenu en 1978 avec Shimon Peres à l'ambassade d'Israël à Paris, et en 2008 avec Ehud Barak en Grèce lors d'un congrès de l'Internationale socialiste dont il est membre. Pour se justifier devant l'opinion publique irakienne indignée, il déclara l'avoir rencontré uniquement en tant que Président de l'*Union Patriotique Kurde (UPK)*.

Aujourd'hui, les relations du *PDK* avec Israël sont du domaine de Binjirfan Barzani, un des cinq fils de Massoud. A l'*UPK*, elles sont l'affaire de Qutab Talabani qui représentait le *Gouvernement régional kurde* aux Etats-Unis, où il a épousé l'américaine Sherri Kraham, fille d'un membre de l'*AIPEC*, le lobby pro-israélien. Avec eux aux commandes, le Mossad n'a pas de souci à se faire : la relève est assurée.

Aujourd'hui, de nombreux responsables israéliens espèrent qu'avec l'indépendance du Kurdistan irakien, ces liens se renforceront. Israël est depuis toujours favorable à l'autodétermination des Kurdes, rappelant les liens étroits existant entre les Juifs kurdes vivant en Israël et le peuple kurde.

En juin 2014, le président israélien Shimon Pérès a déclaré lors d'une rencontre avec Barack Obama que « les Kurdes ont créé de facto leur propre Etat démocratique. »

Le Premier ministre Benjamin Netanyahu a également marqué le soutien israélien aux Kurdes. Lors d'une conférence de presse à Tel-Aviv, il a précisé que « les Kurdes représentent un peuple combattant qui a prouvé son engagement, et qu'il méritait l'indépendance politique. »

« Les Kurdes sont profondément solidaires d'Israël et un Kurdistan indépendant sera bénéfique à l'Etat juif », a estimé le journaliste kurde Ayoub Nouri. Il précise qu'à « l'heure actuelle, Israël est un pays confronté à de nombreux conflits, mais avec la présence d'un Etat kurde indépendant, Israël bénéficiera de la présence d'un ami et d'un allié sincère dans la région, et le Kurdistan pourra servir de zone tampon face à la Turquie, l'Iran et l'Irak. »

Les nationalistes kurdes s'inspirent d'Israël comme modèle d'une petite nation assiégée au Moyen-Orient qui a réussi à devenir, contre vents et marées, un Etat démocratique puissant.

Rappelons qu'Israël et les Kurdes ont entretenu des liens étroits depuis les années 1950. Des agents du Mossad avaient été envoyés au nord de l'Irak pour aider Mulla Mustafa Barzani dans sa rébellion contre l'armée irakienne. L'assistance était principalement dans le domaine sécuritaire et militaire, mais elle s'est élargie au fil des ans à l'aide médicale et aux relations commerciales. Selon certains observateurs, Israël importe les trois quarts de son pétrole du Kurdistan irakien. Le désir d'alliance est également présent chez les Kurdes.

La perspective d'une alliance entre les Kurdes et Israël ou les Etats-Unis demeure une préoccupation majeure pour l'Iran, qui y voit une menace réelle en raison de la présence de millions de Kurdes le long de sa frontière. Il est clair qu'un Kurdistan tourné vers l'Occident pourrait présenter un grand obstacle pour les ambitions hégémoniques iraniennes dans la région.

Dans ce contexte, l'Amérique et l'Europe devraient agir pour favoriser les aspirations des Kurdes à un Etat indépendant. Un manque d'intérêt de leur part jouerait en faveur des Ayatollahs iraniens avec toutes les conséquences géopolitiques qui en découlent.

# Pahlavi

Reza Khan, modestement surnommé " le Grand ", avait déposé le dernier Quadjar par un coup d'Etat militaire à la tête d'un régiment de cosaques. Proclamé roi en décembre 1925, il est couronné par ses troupes le 24 avril 1926 et fonde la dynastie des Pahlavi. Né dans un quartier pauvre du sud de Téhéran, c'est un militaire doublé d'un énergumène, capable de défenestrer un ministre récalcitrant de ses propres mains au cours d'un conseil.

Pour asseoir son pouvoir, il n'hésite pas à lancer des expéditions punitives contre des minorités actives, qu'il massacre sans pitié : Bakhtyanis, Kurdes, Kashgaïs. Il obtient en 1933 la renégociation des accords pétroliers avec l'Anglo-Persian qui devient l'Anglo-Iranian. La part de l'Iran sur les revenus du pétrole passe à 25%.

Au début de la Seconde Guerre mondiale, il ne cache pas sa sympathie pour les Allemands, comme Ataturk, son modèle. Un centre de propagande nazie ouvre à Téhéran en 1940. Les Alliés occupent alors le pays pour réduire l'influence allemande et établir une voie d'approvisionnement en pétrole à partir du Golfe via l'URSS. Ils contraignent Reza Chah, qui obtempère le 16 septembre 41, à abdiquer au profit de son fils Mohamad Reza.

Les Américains ne partiront plus. Roosevelt en prend la décision dès la fin de 1942. Lors de la conférence de Téhéran, en 1943, ce sont surtout des armes et des conseillers militaires qui sont envoyés, sous couvert de reconstruction du pays.

Les premières difficultés du nouveau régime ont lieu dès la fin 1944, avec le soulèvement communiste de l'Azerbaïdjian, soutenu par l'URSS. La répression est féroce et fait 200 morts par jour. Les manifestations monstres de soutien à l'Azerbaïdjan qui ont lieu à Ispahan et à Téhéran devant le parlement, à l'initiative du parti Toudeh, sont réprimées non moins sauvagement.

En 1946 ce sont les tentatives de sécession de plusieurs régions de la " zone russe " en bordure de la Caspienne : Guilan, Khorassan,

Mazanderan, et la tentative de république indépendante au Kurdistan. Le bain de sang continue et les Américains affluent en 1947. Ces conflits permettent aux Etats-Unis d'obtenir ce qu'ils recherchent depuis longtemps : le retrait d'Iran de l'URSS.

En juin 1947 ils accordent un crédit de 26 millions de dollars d'aide aux troupes iraniennes. Georges Allen est le nouvel ambassadeur des Etats-Unis. Le général Vernon Evans est nommé chef de la mission militaire. Le général Schwartzkopf est délégué à la réorganisation de la Gendarmerie.

Cette même année, en 1947, Truman crée la CIA. En février 1949, le 2, le Chah est la cible d'une tentative d'assassinat à Téhéran. Cet événement marquera l'esprit du souverain, notamment vis-à-vis de celui qu'il considérera toujours comme son ennemi principal, et contre lequel il mènera une guerre impitoyable : le parti Toudeh d'Iran marxiste-léniniste. Bien que la responsabilité du Toudeh n'ait pas été clairement établie — notamment en raison du lynchage immédiat de l'agresseur, le photographe Fakhr Araï —, le Chah n'abandonnera jamais à son intime conviction.

Au début de 1951 les interventions étrangères et la mainmise des compagnies pétrolières anglo-américaines suscitent un renouveau nationaliste et assurent le succès populaire du parti du Front National du Docteur Mossadegh.

## Israel

Peu après la création de l'Etat d'Israël, le Shah d'Iran Mohammad Reza Pahlavi met en place, malgré la publication de nombreux ouvrages antisémites dans la société, une liaison discrète avec ce nouvel Etat. Le Shah reconnait de façon informelle la légitimité de l'Etat israélien. S'ouvre à Téhéran un bureau économique de représentation israélien, au statut équivalent à celui d'une ambassade.

Pour David Ben Gourion, Premier ministre israélien de 1948 à 1954, une alliance avec l'Iran a l'avantage de contrer les menaces sécuritaires des pays arabes qui l'entourent, en créant l'image d'un

Moyen-Orient multi-religieux et multi-ethnique qui ne serait pas spécifiquement arabe ou islamique. Pour le régime du Shah, une relation privilégiée avec Israël permet à l'Iran de peser face aux nouveaux régimes radicaux de la région : l'Egypte, l'Irak, la Syrie et le Yémen.

En outre, se lier avec les Etats-Unis, le fidèle soutien à Israël, a pour avantage de freiner les ambitions soviétiques sur l'Iran. Cette collaboration entre Israël et l'Iran se met donc en place dans de nombreux champs d'action tels l'agriculture et le domaine énergétique.

La coopération militaire est toutefois la plus conséquente. Une étroite association entre les services secrets israéliens, le Mossad, et les services de la sécurité intérieure iranienne, la Savak, est organisée. Dans les années 1970 également, les deux pays s'attellent secrètement à un programme commun de fabrication de missiles à moyenne portée, projet qui n'aboutit finalement pas en raison de la révolution islamique.

Reste que le Shah, conscient de la très faible adhésion de la population iranienne à cette assistance mutuelle, critique à plusieurs reprises la politique israélienne. L'Iran va même jusqu'à s'aligner sur la position des nations arabes pour exiger le retrait immédiat et inconditionnel d'Israël des territoires occupés en juin 1967. Similairement, en 1975, l'Iran vote la résolution 3379 de l'assemblée générale des Nations unies, assimilant le sionisme au racisme.

## Savak

Pour lutter contre la subversion, le MI6 et la CIA mettent sur pied, le 18 octobre 1957, une police politique en Iran, la SAVAK. Ils l'utilisent jusque pour surveiller le Shah. En définitive, elle est reprise en main par le monarque qui nomme à sa tête son ami d'enfance, Nematollah Nassiri.

Les 15 000 agents SAVAK disposent des pleins pouvoirs pour infiltrer et surveiller le pays et la diaspora. Ils peuvent arrêter et emprisonner indéfiniment toute personne, sans aucun contrôle. Le Shah lui-même se méfie d'eux au point de créer une autre police, le SIB, juste pour surveiller la SAVAK.

La brutalité et le sadisme des tortionnaires du SAVAK, formés par des instructeurs du Mossad et de la CIA, sont vite légendaires. En 1978 Nassiri ordonne de réprimer férocement les manifestations pour le rétablissement de la république. 17 000 personnes sont tuées et 50 000 sont blessés ou torturés. Après la révolution khomeyniste de 1979, de nombreux hauts gradés de la SAVAK trouveront refuge en Israël et aux USA.

## Tuer Khomeiny

C'est lors d'une conference à l'Institut d'études de sécurité nationale à Tel-Aviv, que l'ex-agent Yossi Alpher a donné à son auditoire la primeur de quelques révélations contenues dans son nouveau livre. Parmi elles, il a livré les détails de cette demande effectuée par l'ancien premier ministre iranien Chapour Bakhtiar, dernier en fonction avant la Révolution islamique, à l'antenne locale du Mossad de Téhéran.

Dans les années 1970, lorsquele souffle de la révolution devient de plus en plus chaud à Téhéran et partout ailleurs dans le pays, Alpher est chargé du dossier iranien dans l'unité de recherche du Mossad. *"Et c'est alors que je découvre une terrible ignorance"*, dit-il. *"En dépit du fait que nous nous sommes plus qu'investis dans ce pays, avec 1500 Israéliens vivant et travaillant là-bas, nous ne savions pratiquement rien sur l'opposition"*.

Au milieu du mois de janvier 1978, Alpher fut convoqué d'urgence dans le bureau de Hofi, le directeur du Mossad.

*"Le directeur du Mossad, Yitzhak Hofi, a annoncé en début de réunion qu'il n'était pas enclin à soutenir cette demande pour des raisons morales (...)"* explique Alpher. (...) *"Je voyais la difficulté à appuyer cette demande parce que nous n'en savions pas assez sur Khomeiny à l'époque"*. Quelques semaines plus tard, le 11 février 1979, la Révolution islamique déferlera sur l'Iran, et Khomeney fera un retour triomphal à Téhéran, tandis que Reza Pahlavi, dernier

Shah d'Iran, connaîtra l'amertume de l'exil à son tour. *"Je regrette vraiment de ne pas l'avoir fait!"* note aujourd'hui Yossi Alpher.

En présence des plus hauts responsables de l'agence, Hofi explique la raison de la réunion. Le Premier ministre laïc nommé par le Shah pour gouverner l'Iran à sa place, Chapour Bakhtiar, a contacté le chef de bureau du Mossad à Téhéran, Eliezer Tsafrir, pour lui demander d'assassiner Khomeiny, exilé en France.

"Hofi déclaré que par principe, il est opposé à l'assassinat de dirigeants politiques, mais il tient à entendre l'avis des participants à la réunion", raconte Alpher. Le chef d'un des départements répond : "laissons Khomeiny rentrer à Téhéran. Il ne durera pas", Alpher aussi était opposé à l'assassinat.

## L'alliance "Trident"

Le point culminant de la "doctrine périphérique" fut le pacte tripartite de renseignement impliquant Israël, la Turquie et l'Iran, d'où le terme "trident".

*"Lors de la première rencontre trilatérale qui se déroula en Turquie à la fin du mois de septembre et au début du mois d'octobre 1958, les participants – à savoir les chefs des agences d'espionnage de chaque pays- se sont mis d'accord sur la mise en œuvre d'une série d'opérations de renseignement communes, telles que des activités subversives pour contrer l'influence de Nasser et des Soviétiques"*, révèle Alpher.

La dimension américaine était également critique. *"Dès que l'alliance 'trident' a été concrétisée, nous avons couru l'annoncer aux Américains"*, affirme Alpher. *"Nous nous en sommes même vantés : regardez, nous avons conclu notre propre pacte de l'OTAN"*.

"Ben Gourion a exposé l'alliance à l'administration Eisenhower comme étant un moyen efficace de contrecarrer l'infiltration soviétique au Moyen-Orient, mais aussi comme servant de contrepoids face aux Etats arabes radicaux...".

L'Agence centrale de renseignement (CIA) n'est pas restée indifférente. Sur une colline déserte au nord de Tel-Aviv, l'agence américaine a financé la construction d'un bâtiment de deux étages qui servit de siège à l'alliance Trident. "Le rez-de-chaussée comprenait 'une aile bleue' pour les Iraniens et 'une aile jaune' pour les Turcs", se rappelle Alpher.

Depuis la fin des années 1950 et ce jusqu'à la révolution islamique de Khomeiny en 1979, les réunions semestrielles entre les dirigeants des trois agences de renseignements se tenaient à chque fois dans un pays différent.

*"Je me rappelle de mon excitation lorsque je suis arrivé à ma première réunion et que j'ai été présenté au général Nassiri, l'impressionnant commandant de la SAVAK, le service de renseignement du Shah d'Iran."*

L'alliance impliquait également l'échange de renseignements sur une base quasi quotidienne. *"Nous avions l'habitude de recevoir des rapports quotidiens sur le passage de navires soviétiques par le détroit de Dardanelles"*, affirme Alpher. *"C'était d'une double importance. Non seulement c'étaient des informations sur les fournitures soviétiques aux Etats arabes, mais nous pouvions aussi les partager avec la CIA".*

La coopération entre l'Iran et Israël était encore plus forte : les Juifs qui fuyaient l'Irak pour l'Iran, en passant par la région kurde au nord de l'Irak, poursuivaient ensuite leur chemin vers Israël, des officiers de l'armée israélienne entraînaient les forces iraniennes et Israël vendait des armes à l'Iran.

En 1958, des armes ont été fournies par l'Iran à des groupes chiites au sud du Liban via Israël, et au nom des Iraniens, les responsables des renseignements israéliens ont formé un corps chargé de recruter et de gérer des agents, en se concentrant sur l'Irak et la lutte contre les activités subversives de Nasser auprès des Arabes de la province du Khouzistan, au sud-ouest de l'Iran.

# Maroc

Les relations d'Israël avec le Maroc étaient une autre composante de l'alliance périphérique. L'Etat hébreu a aidé l'agence marocaine de renseignement à mettre en place son unité de gardes du corps des personnalités et d'autres encore, y compris l'établissement d'une division technologiquement sophistiquée. En retour, les Marocains ont fourni à Israël des renseignements de qualité, y-compris l'accès secret aux délibérations de la conférence du Sommet arabe à Casablanca en septembre 1965.

Près de douze ans plus tard, ce pays du Maghreb a servi de relais pour organiser la visite historique du président égyptien Anouar Sadate à Jérusalem, avec la médiation du roi marocain Hassan. *"Une réunion entre le roi et le chef du Mossad Yitzhak Hofi a conduit à une autre réunion royale, cette fois avec le Premier ministre Yitzhak Rabin, qui est arrivé au Maroc incognito sous une perruque blonde"*, témoigne Alpher.

A la réunion suivante, Hofi s'est entretenu avec Hassan Tuhami, l'adjoint de Sadate, ce qui ouvrit la voie à une rencontre entre Tuhami et Moshé Dayan, le ministre des Affaires étrangères du gouvernement de Menachem Begin. Lors de son voyage secret au Maroc, Dayan a retiré son fameux bandeau et mis un chapeau Borsalino. Même des responsables du Mossad qui ont vu sa photo sur le passeport ne l'ont pas reconnu".

Après le départ en exil du Chah en janvier 1979, les 15 000 agents de la SAVAK furent la cible de représailles aveugles et déchainées. La plupart de ses dirigeants furent assassinés, un bon nombre de ses employés fut exécuté arbitrairement sur l'ordre de Khomeyni dès sa prise du pouvoir en février de la même année. Khomeini avait annoncé que les gens de l'ancien régime devraient se présenter pour se bénéficier de "la justice islamique" et "être libérés" si innocents. Sur cette affirmation, un grand nombre des savaki se sont rendus et ont été exécutés.

Entre le Royaume de Mohamed VI et le Mossad, les relations sont aussi vieilles que l'Etat hébreu. La présence d'une forte communauté juive au Maroc y est pour beaucoup dans ce rapprochement. En 1948, année de la naissance d'Israël, cette communauté comptait déjà 270.000 âmes. Créé en 1951, le Mossad s'est intéressé depuis au Royaume et les contacts n'ont jamais cessé entre les officiels des deux pays.

Durant le protectorat, l'émigration des juifs marocains vers Israël était tout à fait légale. Les partants se voyaient même remettre des passeports français avant d'effectuer le grand voyage. Mais tout le monde n'avait pas le droit de partir : il y avait quand même une politique de quotas.

Au lendemain de l'indépendance du Maroc, Mohammed V ne voulait plus laisser partir les juifs marocains. Il devenait difficile d'obtenir un passeport lorsque vous étiez juif, même si c'était pour se rendre ailleurs qu'en Israël. Le sultan considérait que les juifs étaient de très bons candidats pour assumer des postes de responsabilité au Maroc, et il craignait une sorte de fuite de cerveaux qui handicaperait un Maroc alors fraîchement indépendant. Le Mossad a alors réagi en montant l'opération dite Encadrement, conjointement avec l'agence juive de l'immigration.

Le but était de sortir des juifs du Maroc, mais clandestinement. Des agents du Mossad ont d'abord fait le tour du royaume sous de fausses identités, rencontrant les juifs désirant quitter le pays. Ils les enregistraient et les faisaient embarquer dans des navires de contrebandiers en direction de Sebta et de Gibraltar. D'autres migrants juifs prenaient plutôt l'avion, avec de faux papiers mis à leur disposition par les agents israéliens.

Après la mort de Mohammed V et l'arrivée de Hassan II au pouvoir, les choses vont totalement changer. Les Israéliens, peu satisfaits du faible nombre de juifs qui arrivaient à quitter le Maroc dans ces conditions, voulaient plus. Ils entament des négociations avec les responsables marocains dans ce sens. Les rencontres entre Marocains et Israéliens ont eu lieu, d'abord à Casablanca, ensuite à Paris puis à Genève. Elles se termineront par la conclusion d'un accord. C'est ainsi que 76 000 juifs ont quitté le Maroc entre 1961 et 1964. Leurs passeports collectifs étaient signés de la main du général Oufkir, qui a chapeauté toute l'opération. Les migrants transitaient par Gibraltar ou Marseille. Les responsables marocains auraient perçu, à titre de compensation, quelque chose comme 250 dollars par tête (de migrant juif) des mains des Israéliens".

Un journaliste israélien dévoile, dans un ouvrage, l'étroitesse des relations entre le Maroc et l'Etat hébreu et l'alliance entre les deux pays contre l'Algérie, notamment lors de "la guerre des sables" en 1963, à travers l'entraînement d'officiers marocains et un soutien multiforme apporté par Tel-Aviv. «Le Lien marocain » est le titre d'un livre préfacé par un ancien chef du Mossad, le service d'espionnage israélien, Ephraïm Halévy, et publié en hébreu par les éditions Matar, qui révèle les liens étroits entre Israël et le Maroc.

Mais ce qui intéresse le plus les Algériens, c'est la partie dans laquelle il est fait état d'une alliance maroco-israélienne en 1963 après le déclenchement de la "guerre des sables" entre le Maroc et l'Algérie. L'auteur de l'œuvre rapporte que le chef du Mossad de l'époque, Meir Amit, doté d'un faux passeport, a rencontré à Marrakech le roi Hassan II pour lui déclarer: "Nous pouvons, et nous voulons vous aider." Sans le moindre scrupule, le souverain alaouite a accepté l'offre israélienne.

Lors du déclenchement de la Guerre des sables, en 1963, entre le Maroc et l'Algérie, le chef du Mossad, Meir Amit, doté d'un faux passeport, s'est rendu dans la région de Marrakech pour rencontrer le roi Hassan II. Il lui a assuré que le Mossad était prêt à lui apporter son aide et lui a fourni des informations déterminantes sur les unités égyptiennes (qui apportaient leur soutien à l'armée algérienne). Meir Amit a également préparé pour Hassan II un compte rendu sur les activités de l'opposition marocaine en Egypte, que le Mossad suivait de très près. Pour l'anecdote, et toujours en 1963, le colonel Dlimi s'était rendu pour la première fois en Israël avec un passeport israélien, qu'il avait récupéré auprès de l'ambassade d'Israël à Paris.

Des instructeurs israéliens ont formé des officiers marocains de l'armée de terre, des pilotes de Mig-17 soviétiques et des membres des services de renseignement. Ils ont aussi conseillé l'armée marocaine lors de la construction du Mur de défense la protégeant des attaques du Front Polisario. Israël a également vendu des armes et de l'équipement militaire au Maroc (radars, chars...) mais, le plus drôle, c'est que le gouvernement marocain ne voulait pas traiter directement avec l'Etat hébreu. On a donc fait appel au Shah d'Iran, qui a pris sur lui de tout acheter (auprès d'Israël) et de tout revendre (au Maroc)...

Ainsi des instructeurs de l'armée israélienne ont ensuite entraîné des officiers marocains, formé des aviateurs au pilotage de Mig-17 soviétiques, organisé ses services secrets, surveillé la construction de la barrière entre le Maroc et l'Algérie, vendu des armes, y compris des chars AMX-13 français via Téhéran, et équipé des embarcations de pêche avec des radars pour les transformer en gardes-côtes. Voilà en gros ce qu'a fait Israël pour le Maroc pour lui permettre de prendre le meilleur sur l'Algérie, en vain. En effet, en dépit de tout ce soutien, la monarchie chérifienne n'a pas réussi à atteindre ses desseins.

Il faut dire qu'à travers cette aide, Israël s'est bien implanté dans le royaume au point d'exploiter cette présence, par le moyen de l'espionnage, pour découvrir les faiblesses des armées arabes. Selon le journaliste écrivain israélien, le Mossad a réussi à suivre le sommet arabe de Casablanca en 1965 et a ainsi découvert l'impréparation des armées arabes bien avant la guerre de juin 1967, ce qui explique son écrasante victoire traduite par l'annexion de tous les territoires palestiniens ainsi que le Sinaï égyptien et le Golan syrien. Une place importante est accordée dans cette œuvre aux pourparlers du Mossad avec le roi Hassan II, qui ont préludé à la rencontre secrète au Maroc du ministre israélien des Affaires étrangères Moshé Dayan avec le vice-Premier ministre égyptien Hassan El-Toami, puis au voyage historique du président égyptien Anouar Sadate à Jérusalem en 1977.

## Déstabiliser le royaume

Lors d'une interview accordée par l'ex-patron du service d'espionnage israélien 'Aman', à la chaine 7 de la télévision israélienne, le général Amos Yadlin, aujourd'hui réserviste, a affirmé qu'Israël, possède au Maroc, un réseau d'espionnage et de subversion au besoin, qui pourrait, à l'ordre, complètement déstabiliser et insécuriser le royaume.

Le général vantait devant ses interviewers, la capacité d'Aman à intervenir, dit-il, «derrière les lignes de l'ennemi». Le général Yadlin a avancé, selon ce qu'a rapporté le quotidien londonien Al Quds Al Arabi, que des réseaux israéliens, similaires à celui implanté au Maroc, étaient en service également dans d'autres pays de la région, comme la Tunisie, la Lybie ou l'Egypte.

*«Au Maroc et en Tunisie, nous avons des agents disséminés à différents niveaux, dans les milieux politiques, économiques, culturels et sociaux et peuvent faire la promotion d'Israël, tout comme ils peuvent provoquer des destructions»* a prétendu le général israélien. *«Nous sommes capable de provoquer et d'exacerber des crises tribales, confessionnelles et des tensions sociales et d'ainsi maintenir ces pays sous pressions internes»* a-t-il expliqué.

Par ailleurs, le journal israélien Yediot-Ahronot a rapporté que le Mossad et Aman recrutent leurs agents et espions parmi, les cadres d'entreprises, les avocats, les chimistes, les graphistes, les médecins, les professeurs de langues, des psychiatres, des ex-militaires, des menuisiers et des employés d'entretiens.

## Mehdi Ben Barka

Dans les années 1950, la France embourbée dans la guerre d'Algérie, a établi des relations soutenues avec le Mossad, pour obtenir des informations sur le FLN. Le Mossad dispose donc d'une implantation en France. Israël a également développé des relations avec le Maroc, le plus pro-occidental des pays arabes, l'aidant notamment à restructurer ses services secrets du royaume. Les services secrets israéliens ont obtenu de pouvoir observer un sommet de la Ligue arabe à Casablanca, en septembre 1965. En échange, Rabat exige du Mossad son aide pour repérer et éliminer l'opposant Mehdi Ben Barka, qui voyage toujours incognito, avec beaucoup de précautions pour ne pas se faire repérer.

Les services secrets israéliens auraient aidé Rabat à localiser l'opposant marocain Mehdi Ben Barka et à le faire disparaître, en octobre 1965 à Paris. L'implication du Mossad, les services secrets israéliens, dans l'enlèvement à Paris de l'opposant marocain Mehdi Ben Barka en 1965 a très tôt été soupçonnée.

En 2008, le journaliste Samuel Segev avait évoqué l'implication du Mossad et rappelé dans un livre des détails sur les relations secrètes entre Israël et le Maroc. Le Mossad avait selon lui, indirectement permis aux services secrets marocains de repérer l'opposant socialiste, puis de le piéger. Ben Barka, qui voyageait beaucoup à travers le monde, se servait d'un kiosque à journaux à Genève comme d'une boîte postale où il venait récupérer son courrier, et le Mossad a donné cette information à Dlimi.

Le General Oufkir a demandé de l'aide (aux services secrets israéliens) pour l'enlèvement, mais il n'a pas reçu de réponse positive. Les Marocains ont beaucoup insisté, mais le Mossad les a seulement aidés pour repérer et retracer les itinéraires de Ben Barka. Le leader de l'UNFP, qui voyageait beaucoup à travers le monde, avait pour habitude de se servir d'un kiosque à journaux à Genève comme d'une boîte postale, où il venait régulièrement récupérer son courrier.

Le Mossad a été le premier à avoir cette information et l'a transmise aux services secrets marocains. Une fois informé, Oufkir a placé des hommes devant ce kiosque jour et nuit. Et il a fallu environ deux semaines pour que Ben Barka pointe son nez. Les agents marocains n'ont eu alors qu'à le suivre pour découvrir qu'il avait un pied-à-terre en Suisse".

Le 29 octobre 1965, Ben Barka est arrivé à Paris en provenance de Genève, avec un passeport diplomatique algérien. Il a déposé ses valises chez son ami Jo Ohanna, un juif marocain, et s'est rendu à pied à la brasserie Lipp pour y rencontrer un journaliste français.

L'opposant au régime marocain avait rendez-vous avec des cinéastes pour un projet de films sur la décolonisation. Deux policiers français en civil l'ont interpellé et conduit dans une voiture de location jusqu'à une villa au sud de Paris.

Après avoir repéré l'opposant, le Mossad fournit une aide matérielle, des faux documents, une cache, pour son enlèvement. Si le Mossad n'est pas impliqué dans la mort de Ben Barka, il se charge de faire disparaitre sa dépouille, dans la forêt de Saint Germain: "*Le service a eu l'idée de dissoudre le corps avant de l'enterrer avec de l'acide»*, raconte Ronen Bergman au Monde, *«à base de produits chimiques achetés dans plusieurs pharmacies. Cette nuit-là, il a plu. La pluie a accéléré le processus.*"

Nous savons avec certitude que Ben Barka était encore en vie le 1er novembre (...) [le général] Dlimi ne voulait pas le tuer, mais lui faire avouer son intention de renverser le roi Hassan II. Ben Barka avait les chevilles entravées et les mains nouées dans le dos, et Dlimi lui a plongé la tête dans un bac rempli d'eau. A un moment donné, il a pressé trop fort sur ses jugulaires, l'étranglant ainsi à mort.

Le ministre marocain de l'Intérieur, le général Mohammed Oufkir, chef de la police secrète, est ensuite arrivé à Paris pour organiser l'enterrement, qui s'est déroulé à Paris, quelques jours après le décès, sur une aire en construction, où il y avait du béton et du ciment, aux abords de l'autoroute du sud.

Trois ans plus tard, une route a été construite à cet endroit. S'il reste quelque chose de sa dépouille, c'est sous un noeud routier à cet endroit. Le Mossad a agi parce qu'il était redevable envers le Maroc, mais n'avait pas d'hostilité particulière envers l'opposant marocain qui avait entretenu des relations avec des officiels israéliens et "admirait, les réalisations de l'Etat hébreu dans le domaine de l'agriculture, du développement régional et de l'armée."

## Ben Barka et Israel

Ben Barka avait une profonde admiration pour le modèle israélien des kibboutz et pour le Premier ministre de l'époque, David Ben Gourion. Il pensait que l'expérience des kibboutz aurait pu inspirer les responsables marocains. Mehdi Ben Barka est parti par la suite à la rencontre du conseiller diplomatique de l'ambassade d'Israël à Paris, qui était en réalité le chef du Mossad en France.

Il a demandé à son interlocuteur de l'argent et des armes pour organiser l'opposition (à la monarchie) dont il était alors le symbole. Le diplomate - agent n'a pas donné suite à la demande de Ben Barka, mais il a tout de suite fait un compte rendu détaillé de la rencontre à Ben Gourion, qui s'est empressé à son tour d'en faire part au roi du Maroc...

# Phalanges

Le 13 avril 1975, la guerre civile libanaise a commencé avec le mitraillage d'un autocar transportant des Palestiniens qui revenaient d'une fête à Sabra. Le début d'une série de conflits provoqués par ses encombrants voisins (Syrie, Israël...) avec le soutien des grandes puissances. Les Libanais en paient encore le prix aujourd'hui.

Sabra, dans la banlieue sud-ouest de Beyrouth, où s'était installé dès 1949 un camp de réfugiés palestiniens. Nom devenu célèbre pour un autre massacre, Sabra et Chatila, en août 1982, pendant une autre guerre :celle provoquée par l'invasion israélienne du pays et le siège de sa capitale, qui s'achevait en apothéose.

L'armée israélienne était entrée au Liban avec la ferme intention de détruire la résistance palestinienne qui y avait élu domicile depuis qu'elle avait été chassée de Jordanie par le roi Hussein, en septembre 1969, le fameux Septembre noir. Après trois mois de siège de Beyrouth et le départ forcé d'Arafat et de ses troupes, le général Sharon, ministre de la Défense d'Israël, avait livré les camps désormais sans défense aux milices phalangistes ou Kataëb. Bilan : entre 2 000 et 5 000 morts et disparus, tous civils, palestiniens et libanais.

En avril 1975, c'était les mêmes phalangistes qui avaient commis le premier massacre, plus limité – 27 morts –, mais qui allait en susciter bien d'autres et lancer quinze années d'une guerre dite civile qui a fait plus de 150 000 victimes. La main d'Israël était moins visible. Elle était pourtant là.

Dans son livre *"la Guerre libanaise"*, Joseph Yazigi, qui fut procureur général du Liban Sud et vécut toutes les phases, explique comment, dès les années 1960, les dirigeants israéliens avaient tissé des liens avec les milices chrétiennes pour en faire des alliés contre les Palestiniens.

*«Aidé par les États-Unis et Israël, le parti phalangiste enrôle les jeunes pour la "défense de leur pays" contre "l'agression" palestinienne»*, écrit-il. Pour lui, la guerre déclenchée en 1975 n'avait rien de confessionnel et tout d'un piège : la soi-disant division entre un « Beyrouth-Est chrétien » et un « Beyrouth-Ouest musulman » a été «fabriquée de toutes pièces» selon le bon vieux principe colonial : diviser pour régner.

Et il en veut pour preuve les combats sans merci que se livrèrent entre eux les chefs de guerre chrétiens : Frangié, Gemayel, Geagea, Hobeika ou les affrontements entre Amal et le Hezbollah, deux partis chiites.

Certes, la présence de nombreuses communautés facilitait les choses. Le Liban était et reste, malgré les épreuves, une mosaïque réunissant sur un tout petit territoire des chrétiens catholiques et grecs orthodoxes, des musulmans chiites et sunnites, des Druzes, des Arméniens... Ses institutions qui datent du mandat français, entre les deux guerres, favorisent les maronites.

Ils ont longtemps eu l'essentiel du pouvoir tandis que les chiites du sud et de la Bekaa, faisaient partie des «déshérités». Une division sociale à l'origine de forts mouvements de contestation au début des années 1970. Ajoutons-y l'afflux de réfugiés chassés de Palestine par Israël et l'installation en 1970 de l'OLP et de ses combattants qui lançaient depuis les camps du sud des opérations commandos contre Israël, attirant représailles et incursions meurtrières.

Pour David Ben Gourion, président-fondateur d'Israël, politicien pragmatique, une des priorités était de semer la discorde dans les pays arabes en excitant leurs minorités religieuses et ethniques et, au Liban, de s'emparer des sources du fleuve Litani.

Son ami Reuven *« Shiloah »* Zoslanski, premier directeur du Mossad, avec qui il avait conçu le concept d' *«alliés périphériques»*, devait infiltrer les communautés maronite et druze et leur faire miroiter la constitution d'un Etat indépendant. Pendant quatorze ans, une espionne nommée Shulamit Cohen-Kishik, parvint, grâce à ses talents de péripatéticienne, à gangrener une partie de l'intelligentsia libanaise

Dans les années 70, le maître espion David Kimche fut l'artisan de l'alliance israélienne avec des clans maronites qui facilita l'invasion du Liban en 1982. Eliezer Tsafrir, chef de station du Mossad à Beyrouth en 1983, après avoir sévi au Kurdistan irakien lors de la présidence des frères Aref, sait ce qu'infiltrer veut dire.

Aujourd'hui en retraite, il estime qu'une opération comme l'assassinat à Damas, le 12 février 2008, de Imad Mughniyeh, chef de la sécurité du Hezbollah, a demandé des années de travail minutieux impliquant des dizaines de personnes ayant chacune un rôle précis et ignorant tout des autres intervenants. On peut en dire autant de l'assassinat du Premier ministre Rafic Hariri.

## La Mata Hari du Proche-Orient

A Beyrouth, entre 1947 et 1961, Shulamit Cohen, dite Shula, prostituée de luxe formée par le Mossad, a recruté de hautes personnalités libanaises et infiltré le parti chrétien Kataeb sans grandes difficultés. Démasquée par les services secrets syriens, condamnée à mort pour communication de secrets d'Etat à l'ennemi, elle a finalement été échangée contre des prisonniers arabes, après la guerre de juin 1967. En Israël, Shula est considérée comme une héroïne nationale.

Juive originaire d'Argentine, Shula émigra en 1937 en Palestine, après un séjour en Irak où ses parents avaient tenté de faire fortune. Agée d'une vingtaine d'années, elle fut recrutée par un officier du service secret de la Haganah, le *Shai*, dont elle était tombée amoureuse. Le Mossad, en voie de création, lui apprit les ficelles du métier d'espionne, façon Mata Hari, l'art de séduire et de manipuler, et l'envoya en Grande-Bretagne apprendre l'anglais et les bonnes manières.

Après son arrivée à Beyrouth en 1947, son mariage fut arrangé avec Joseph Kishik, un commerçant juif libanais, sa couverture pour débuter ses activités. Première victime de taille : Mahmoud Awad, plusieurs fois ministre, qu'elle recevait à son domicile. Le nombre de ses clients augmentant, elle se servit d'un directeur de casino pour rencontrer Camille Chamoun, président de la République, habitué du lieu... En 1956, Shula dirigeait un réseau de prostituées de luxe comprenant des jeunes filles mineures, et possédait plusieurs bordels où des caméras installées par le Mossad filmaient les ébats des clients importants.

Point d'orgue de son ascension dans les milieux de la *dolce vita* libanaise, elle ouvrit le Rambo Pub, rue Hamra, artère centrale de Beyrouth, pour en faire le point de rencontre de ses agents et étendre ses activités de renseignement. C'est là qu'avec des passeurs libanais, elle organisa l'entrée en Israël de milliers de juifs irakiens fuyant les attentats *«antisémites»* perpétrés à Bagdad. Le 3 décembre 2002, Shulamit Cohen-Kishik a reçu le Prix Menahem Begin pour avoir fourni à Israël des renseignements de grande valeur et aidé les juifs orientaux à s'installer en Palestine.

David Kimche, ex-numéro deux du Mossad, auteur de nombreux articles et livres sur le conflit israélo-arabe, il prônait ces dernières années un compromis avec les Palestiniens. Né en Grande-Bretagne, Kimche avait immigré en Israël en 1948 et combattu dans les rangs de l'armée lors de la première guerre israélo-arabe.

Correspondant en France du quotidien anglophone The Jerusalem Post, il était entré au Mossad en 1953, où il s'était notamment occupé des contacts avec le Maroc. Chef-adjoint du Mossad entre 1976 et 1980, il avait noué des contacts étroits avec des formations chrétiennes au Liban, mais il avait quitté le Mossad en raison de divergences sur les questions libanaises.

*Il avait été directeur général du ministère des Affaires étrangères de 1980 à 1986. Après sa retraite, Kimche a oeuvré pour un règlement de paix avec les Palestiniens, signant "l'Initiative de Genève" (2003) en faveur d'un retrait israélien des territoires occupés et la création d'un Etat palestinien aux côtés d'Israël.*

# Al Nusra

Plus de 2000 Syriens sont déjà venus se faire soigner en Israël à partir d'une zone de al-Nosra, c'est-à-dire al-Qaïda. L'humanitaire conduit parfois à d'étranges arrangements. Par exemple entre l'armée israélienne et les groupes rebelles syriens, dont le Front al-Nosra, la branche locale d'al-Qaïda, à propos du sort des blessés de la guerre civile.

«2 200 Syriens ont déjà été soignés dans notre pays depuis trois ans », indique un officier supérieur de l'armée israélienne, qui ne manque pas de vanter les efforts réels de l'Etat juif pour venir en aide aux victimes du conflit qui se déroule à ses portes. Cinq hôpitaux israéliens accueillent ces blessés, qui sont à 90 % des hommes, la plupart en âge de combattre… 70 % des patients sont d'ailleurs traités en orthopédie pour des blessures de guerre.

Certes, quelques femmes et des enfants profitent de la médecine israélienne, parfois pour des maladies graves. Mais, reconnaît un médecin, «plus de la moitié sont des combattants».

Comme ce jeune homme, étendu dans son lit de douleur de l'hôpital de Safed, blessé au bras, et qui attend le départ du docteur pour aller fumer sa cigarette à la fenêtre avec vue sur le Lac de Tibériade. C'est, pourrait-on dire, un habitué des lieux : il est déjà venu s'y faire soigner en 2014 après avoir été blessé par balles dans le dos.

Comme les trois autres jeunes Syriens qui partagent sa chambre, discrètement surveillée par la police militaire, il n'a pas le droit de sortir de l'hôpital. Dès qu'il sera sur pied, un véhicule militaire le conduira vers la frontière avec la Syrie, sur le plateau du Golan, à une trentaine de kilomètres de Safed.

Officiellement, l'armée israélienne (Tsahal) explique que les blessés se présentent à la barrière séparant les deux pays et qu'ils y sont accueillis par l'armée à titre humanitaire. C'est pourtant une frontière en principe totalement fermée et hautement sécurisée, avec des grillages de cinq mètres de haut et toute une série de senseurs (video, radars, etc.) pour détecter les mouvements suspects. Des casques bleus la surveillent également.

Toujours selon Tsahal, les blessés sont pris en charge par des médecins militaires qui opèrent un premier tri avant de les répartir dans des hôpitaux du nord d'Israël. L'armée refuse de communiquer sur la localisation des points de passage, comme s'il y avait quelque chose à cacher.

De 1967 à 2011, de la conquête du plateau du Golan par Israël jusqu'à la guerre civile en Syrie, les choses étaient claires : soit c'était la guerre comme en 1973 avec de grandes batailles de chars, soit c'était la paix totale, le régime de Bachar tenant fermement les rênes de l'autre côté. On présentait alors cette frontière comme la plus calme d'Israël, rien à voir avec celle toute voisine qui sépare l'Etat hébreu du Liban.

Pour bénéficier d'un traitement médical en Israël, ils expliquent sans plus de détails qu'il faut passer par des « shebabs » (jeunes) d'une certaine « katiba » (brigade), sans avoir besoin de verser de bakchich. Après plus de 2000 passages, l'affaire semble bien organisée. Si elle se déroule sans une implication directe de la branche locale d'al-Qaïda – ce qui n'est pas prouvé – elle bénéficie au moins de son accord tacite.

Imaginer que le groupe djihadiste radical qui tient une cinquantaine de kilomètres sur la frontière – en principe fermée – avec Israël laisserait aller et venir des combattants blessés sans s'en préoccuper relève de la fantaisie. Il n'est pas exclu que les Américains, installés en Jordanie pour y soutenir les groupes rebelles jouent un rôle dans ces transferts de blessés.

Tous retournent en Syrie après leurs soins, parfois équipés de leur prothèse sur lesquelles aucune inscription en hébreu ne figure. Ce ne sont donc pas des réfugiés qui cherchent à quitter leur pays. Seul l'un d'entre eux a demandé à se rendre en Jordanie, ce qui lui a été accordé. Grâce aux réseaux sociaux, certains restent en contact avec l'équipe socio-médicale israélienne qui les a accueillis. « Cela a une influence positive, se réjouit un officier. Ils nous avaient toujours considérés comme des ennemis et ils ont vu des gens les soigner et leur sourire. » D'autant qu'à l'hôpital de Safed comme dans les autres établissements, les équipes et les patients sont mixtes : juives et arabes.

En effet, l'alliance qui s'est tissée dans le Plateau du Golan entre les forces de l'occupation israélienne et le Front al-Nosra, la branche officielle d'Al-Qaïda en Syrie a presque été occultée par les principaux médias. Cette alliance compte certainement le soutien logistique et pourrait s'étendre jusqu'à l'armement des rebelles d'Al-Qaïda opérant au sud-ouest de la Syrie.

D'après des rapports supplémentaires des forces de maintien de la paix de l'ONU, de telles interactions se sont poursuivies après que Quneitra, la ville où se trouve un point de contrôle stratégique entre les deux parties du Golan, à savoir le secteur occupé par Israël et celui contrôlé par la Syrie, ait été capturée par le Front al-Nusra.


Depuis plusieurs années maintenant, la presse israélienne diffuse des rapports de propagande pour son armée et pour son pays qui, soi-disant, joue un rôle purement « *humanitaire* » dans la guerre syrienne en offrant des soins médicaux aux civils et en les renvoyant chez eux après rétablissement. Actuellement, c'est de la propagande avérée. Si c'était réellement une question d'humanisme, Israël aurait offert de soigner des combattants de toutes les parties belligérantes en Syrie et aurait, par ailleurs, arrêté les militants suspects d'Al-Qaïda.

Mais en réalité, tous les rapports confirment que les Israéliens ne sont en train de soigner que les « *rebelles* », y compris les militants d'Al-Qaïda qui dirigent les opérations de l'opposition armée dans cette partie de la Syrie (comme d'ailleurs dans plusieurs régions du pays).

Et donc, la différence majeure qui réfute la propagande et confirme l'alliance active entre Israël et Al-Qaïda est que, après le traitement médical, les combattants d'Al-Qaïda ne sont pas arrêtés mais plutôt reconduits à la frontière pour poursuivre leurs combats en Syrie. Dans une autre éventualité, et si jamais des combattants capturés vivants appartiennent au Hamas, au Hezbollah ou à l'Iran, qu'ils ne rêvent surtout pas d'avoir la même chance et d'être raccompagnés à Gaza ou en Syrie pour qu'ils « *poursuivent leur chemin* » comme l'a si bien dit le responsable anonyme israélien.

Après tout, les forces israéliennes dans cette région ont, au cours de la guerre, effectué plusieurs raids aériens sur ce qu'ils prétendent être des cibles du Hezbollah en Syrie. Si Israël était vraiment contre Al-Qaïda, il n'aurait pas hésité à frapper les positions de ce dernier également. Il parait donc qu'Israël préfère Al-Qaïda au Hezbollah et à l'Iran.

## Petro-Monarchies

De graves révélations sur des financements ultrasecrets des activités du Mossad par l'Arabie Saoudite ont été faites par un spécialiste américain des questions sécuritaires et des services secrets.

L'Américain Barry M. Lando, qui s'est distingué par plusieurs livres d'enquête sur l'Irak, explique comment le royaume d'Arabie

Saoudite a payé le Mossad pour l'assassinat de plusieurs chercheurs nucléaires iraniens.

Il affirme que les Saoudiens ont exigé l'élimination des meilleurs chercheurs dans l'espoir d'affecter le programme nucléaire iranien que le royaume voyait comme une sérieuse menace pour sa sécurité et sa pérennité. Cette étrange alliance entre l'Etat sioniste et le «gardien» des Lieux saints de l'islam s'est traduite sur le terrain par l'assassinat en série d'experts nucléaires iraniens.

La transaction a coûté aux Saoudiens un milliard de dollars. Le chef du Mossad a fait plusieurs voyages pour rencontrer ses homologues de l'Arabie Saoudite. Ses rencontres ont abouti à la conclusion d'un marché: le financement d'une série d'assassinats de plusieurs experts nucléaires de l'Iran, les meilleurs dans la spécialité, lesquels ont eu lieu au cours des dernières années.

Richard Silverstein, écrivain juif qui a suivi l'étroite coopération entre Israël et l'Arabie Saoudite dans le ciblage de la Syrie et de l'Iran, affirme que l'Arabie Saoudite «*ne se contente pas de coordonner ses propres efforts de renseignement avec Israël. Ce pays finance une bonne partie de la campagne très coûteuse d'Israël contre l'Iran. Cette campagne comprend également les opérations de sabotage massif des bases de missiles IRG, la création d'une série d'armes informatiques pour des cyberattaques, comme Stuxnet et Flame*».

Il y a également la mise en place d'une catégorie d'armes conventionnelles et électroniques qui pourraient être utilisées dans une attaque de grande envergure contre l'Iran. Une véritable «bombe» qui provoquera assurément un séisme dans la région dont les répercussions pourront être ressenties en Occident.

Les dirigeants israéliens ne disent rien, mais ils se frottent les mains. La rivalité entre l'Arabie Saoudite et l'Iran, l'affaiblissement de l'Egypte, les ennuis de la Turquie avec la Russie et à la désintégration de pays tels l'Irak et la Syrie, est tout bénéfice pour l'Etat hébreu qui voit renforcé son statut de puissance régionale stable.

En prenant officiellement ses fonctions, le nouveau patron du Mossad, Yossi Cohen, a en tout cas désigné l'ennemi principal de l'Etat hébreu: la *«menace iranienne».* Une petite phrase qui ne surprend personne à Jérusalem et qui passe pour un appel du pied aux pays de la région qui, tels l'Arabie Saoudite, le Koweït, les Emirats arabes, la Jordanie et la Turquie, ont eux aussi des comptes à régler avec Téhéran.

*«Nous avons intérêt à constituer une alliance formelle avec nos voisins pour combattre le radicalisme islamique»* a déclaré l'ex-travailliste Ehud Barak au micro de la radio de l'armée. Il a estimé qu'il suffirait qu'Israël règle son problème avec les Palestiniens pour que cette alliance d'intérêt soit officialisée.

En Septembre 2013 l'ambassadeur israélien à Washington, Michael Oren, un proche de Nétanyahou, avait déclaré au quotidien israélien le Jerusalem Post, qu'Israël préférait les extrémistes sunnites au gouvernement d'Assad: *"Le plus grand danger pour « Israël » c'est l'arc stratégique qui va de Téhéran à Damas à Beyrouth...Nous avons toujours voulu le départ de Bashar al Assad, nous avons toujours préféré les sales types qui n'étaient pas soutenus par l'Iran à ceux qui étaient soutenus par celle ci."*

Le 1er Octobre 2013, le premier ministre israélien, Benjamin Nétanyahou dit « Bibi » lors de son discours devant l'AG de l'ONU – consacré au programme nucléaire civil de l'Iran et la menace d'une frappe unilatérale militaire israélienne - a publiquement attesté que « Les dangers d'un Iran possédant l'arme nucléaire de même que l'émergence d'autres menaces dans notre région ont conduit beaucoup de nos voisins arabes à reconnaître que finalement Israël n'est pas leur ennemi."

Le lendemain la chaîne de TV 2 israélienne rapportait que des officiers de sécurité israéliens avaient rencontré leurs homologues des pays du Golfe à Jérusalem, dont le Prince saoudien Bandar bin Sultan, l'ancien ambassadeur saoudien à Washington qui était alors chef des services secrets saoudiens.

Le prince saoudien Turki bin Faisal s'est offert le luxe, fait sans précédent, d'écrire un éditorial dans un grand journal israélien, appelant à la paix entre Israël et les pays du CCG et à la résolution du conflit israélo-palestinien. Comme l'administration d'Obama a poursuivi ces dernières années une politique de détente avec l'Iran, des rapports ont dévoilé une coopération secrète sur la sécurité entre Israël et les pays du CCG.

En 2013, l'Arabie Saoudite et Israël ont soutenu en Egypte le coup d'état pour renverser le président Mohammed Morsi appartenant aux Frères Musulmans ennemis jurés des Saoudiens. Morsi au pouvoir en Egypte avait aidé les Palestiniens de Gaza contre l'embargo israélien instauré après la victoire du Hamas en 2007.

L'Arabie Saoudite et Israël ont porté au pouvoir le général Abdel Fattah el-Sissi. L'Arabie Saoudite a alors déversé des milliards de pétrodollars dans les caisses vides de l'Egypte tandis que le puissant lobby judéo sioniste à Washington faisait pression pour que l'administration américaine ne prenne pas de mesures de représailles contre Sissi et son putsch.

Pour ne pas perdre la face Washington a suspendu l'aide militaire à l'Egypte ce qui a permis à Hollande qui soutient cette alliance Saoudienne - Sioniste de bénéficier des largesses de Ryad pour l'achat de Rafale par l'Egypte. Finalement les US ont repris leur aide militaire au Caire.

Dans le Time Magazine du 19 Janvier 2015, son correspondant à Bruxelles, Joe Klein relate une rencontre pour le moins surprenante ayant eu lieu quelques mois auparavant. *"Le 26 Mai 2014 s'est tenue une conversation sans précédent dans un lieu public à Bruxelles. Deux anciens chefs de l'espionnage israélien et saoudien – Amos Yadlin et le Prince Turki al Faisal - ont discuté ensemble pendant plus d'une heure des politiques régionales lors d'une conversation dont le modérateur était le journaliste du Washington Post, David Ignatius."*

Devant l'assemblée générale de l'ONU, le Premier Ministre

Benjamin Netanyahu déclarait que «*vaincre l'ISIS (l'Etat Islamique en Syrie et Irak) et laisser l'Iran au seuil de l'énergie nucléaire revenait à gagner une bataille et perdre la guerre*».